# CATALOGUE

DES

# DESSINS

ANCIENS ET MODERNES

## ESTAMPES

Anciennes et Modernes

## TABLEAUX

Composant le Cabinet de M. H. D. *[Dreux]*

DONT LA VENTE AURA LIEU

# HOTEL DROUOT, SALLE N° 3

AU PREMIER ÉTAGE

## Les Jeudi 3 et Vendredi 4 Février 1870

A DEUX HEURES PRÉCISES

M⁰ **DELBERGUE-CORMONT**, Commissaire-Priseur,
rue de Provence, 8,

Assisté de M. **CLEMENT**, Mᵈ d'Estampes de la Bibliothèque impériale,
rue des Saints-Pères, 3.

## EXPOSITIONS

| PARTICULIÈRE | PUBLIQUE |
|---|---|
| Le Mardi 1er Février 1870 | Le Mercredi 2 Février 1870 |

DE UNE HEURE A CINQ HEURES

PARIS — 1870

# CONDITIONS DE LA VENTE

Elle sera faite au comptant.

Les Acquéreurs paieront CINQ POUR CENT en sus des enchères.

# ORDRE DES VACATIONS

*Le Jeudi 3 Février 1870*

Estampes . . . . . . . . . . . . . . . . . . .     N<sup>os</sup> 110 à la fin.

*Le Vendredi 4 Février 1870*

Tableaux et Dessins . . . . . . . . . .     N<sup>os</sup>  1 à 109.

La réunion d'Estampes et de Dessins anciens et
modernes que nous sommes chargés d'offrir aux enchères, n'est pas nombreuse, mais remarquable,
pour les Estampes, par le choix, la beauté et la
conservation des pièces ; pour les Dessins, par leur
authenticité.

L'Amateur, qui s'en sépare sans retour, était dif-
ficile, et s'il se passionnait c'était toujours pour ce
qui était irréprochable.

Parmi les Estampes anciennes nous appellerons
l'attention des amateurs sur quelques pièces : d'Al-
bert Durer, Adam et Eve, la suite de seize pièces de
la Passion ; de Campagnola, une Sainte Famille,
extrêmement rare ; de Marc-Antoine, la Cène ; de
Marc de Ravennes, la Vierge à l'épine, avant le
monogramme ; de H. Béham, plusieurs charmantes
pièces ; de Rembrandt, le Portrait de Lutma,
l'Annonciation aux bergers (d'une beauté exception-

nelle); de Van Dyck, des Portraits du 1ᵉʳ état; de Vostermann, la Descente-de croix d'après Rubens, la Mort du Christ d'après Van Dyck; de jolies pièces de F. Bol, Claude Lorrain, Both d'Italie, P. Potter, Berghem, Karel Dujardin; enfin, de beaux spécimens de l'école du XVIIIᵉ siècle, d'après Watteau, Chardin, Lavreince, Baudoin, Saint-Aubin et Moreau le jeune; de ces deux derniers, le Bal et le Concert, et la première suite des costumes et mœurs du XVIIIᵉ siècle avant toutes lettres.

Dans les Estampes modernes : de Strange, Charles Iᵉʳ, lettre grise, toute marge; Moncade, lettre grise; de Desnoyers, la Vierge de Foligno, lettre grise (signée), provenant de son cabinet de Saint-Germain-en-Laye; ainsi que la Vierge au linge, superbe épreuve, lettres grises toute marge.

Nous citerons, dans les Dessins anciens, les maîtres suivants : Primatice, Baccio Bandinelli, Claude Lorrain, W. Van de Velde, A. Van Ostade, Van Huysum, Roos, Rembrandt, Loutherbourg, Canaletti, Boucher, Greuze, Fragonard; de Moreau le jeune deux magnifiques Dessins à la sépia, de la suite des costumes et mœurs du XVIIIᵉ siècle, le Souper fin et la petite Loge, sujets les plus appréciés de toute la suite.

Dans les modernes : Géricault, Bonington, E, Delacroix, Gavarni, plusieurs Charlet, dans lesquels nous distinguerons le magnifique Dragon d'Élite, de la vente de Lacombe; nommer cette aquarelle suffit à son éloge. Espérons que, cette fois, le Musée du Louvre, qui ne possède aucune pièce capitale de notre dessinateur national, ne laissera pas passer celle-ci à l'étranger.

# DÉSIGNATION

## TABLEAUX

**BAPTISTE** (Jean-Baptiste-Monnoyer, dit)

1 — Bouquet de fleurs dans un vase. *200.*

Toile. — H. 88 c. L. 72 c.


**MARNE** (Jean-Louis de)

2 — Paysage : Mare d'Auteuil. Sur le premier plan, l'auteur est représenté dessinant. *60.*

Toile. — L. 47 c. H. 33 c.

# AQUARELLES ET DESSINS

**BLARENBERGHE** (Signé 1776)

**3** — Vue prise dans le parc de Versailles, animé de personnages.

**Aquarelle.**

**BANDINELLI** (Baccio)

**4** — Académie d'homme nu assis. Dessin au recto et au verso.

**A la plume et au bistre.**

**BERGHEM** (Nicolas)

**4 bis.** — Le Muletier.

**A la plume, lavé d'encre de Chine. Signé.**

**BLOEMEN** (J. Van)

**5** — Chevaux d'attelage.

**Deux dessins à l'encre de Chine.**

## BOILLY

8 *bis*. — La Leçon de musique.

A la plume, lavé d'encre de Chine.


## BOISSIEU (J.-J. DE)

6 — Etude de différents personnages sur la même feuille.

A la plume, lavé de bistre.


## BONINGTON (RICHARD-PARKER)

7 — Marine.

Au bistre.

8 — Vue de Rouen.

A la sépia.


## BOUCHER (FRANÇOIS)

9 — Jeune Femme soutenue par des Amours; derrière elle, la Renommée. Etude pour un plafond.

Au crayon noir. (Collection Falconnet.)

10 — Vénus et l'Amour dans les nuages, entourés d'enfants et d'Amours.

A la plume et au bistre. (Collection Falconnet.)

## BOUCHER (FRANÇOIS)

11 — Sujet allégorique.

A la plume, lavé de bistre. (Collection Falconnet.)

12 — Etude d'enfant.

Aux trois crayons.

13 — Femme nue, couchée sur des draperies.

Aux trois crayons.

14 — Femme nue, étendant des draperies à terre.

Aux trois crayons, lavé d'aquarelle.

## BROUWER (ADRIEN)

15 — Buveur tenant un verre à la main; derrière lui un fumeur.

A la plume, lavé de bistre.

## CANALETTI (A.)

16 — Vue prise dans une des îles de Venise.

Dessin à la plume, lavé à l'encre, mêlé de bistre. (Collection Soret.)

## CAZANOVA (FRANÇOIS)

17 — Sujet de bataille. Dessin de forme ronde.

A la plume et à l'encre de Chine.

## CARRACHE (Augustin)

18 — Etudes diverses, paysage et figures.

A la plume. (Collections Mariette et Van Os.)

## CHARDIN (J.-B.-S.)

19 — Etude de jeune fille assise.

A la sanguine. (Collection Van Os.)

## CHARLET (Nicolas-Toussaint)

20 — Dragon d'élite à pied, vu de trois quarts, en grande
tenue, tourné à droite; il tient la poignée de son sabre
dans la main gauche et a le poignet droit appuyé sur
la hanche. Dans le fond, à gauche, l'empereur Napo-
léon lorgne; à droite, près du blokaus, un dragon
(compagnie du centre) est en faction.

Magnifique aquarelle signée Charlet, 1822. (Collection Lacombe.)

21 — La Fête du grand papa.

Aquarelle. (Collection lord Seymour.)

22 — Scène militaire. Un soldat blessé ; deux sont debout devant lui et le regardent avec tristesse.

A l'aquarelle. Signé.

23 — Passage de troupes dans un bois.

A la sépia. Signé Charlet. (Collection Saint-Georges.)

## CHARLET (Nicolas-Toussaint)

24 — Fumeur hollandais.

Aux trois crayons, rehaussé d'aquarelle.

25 — Passage de troupes, du temps de Louis XV, traversant un petit bois. Dans le fond, à gauche, on aperçoit une plaine et des montagnes.

A la mine de plomb. Signé.

## CORRÈGE (Antoine)

26 — Etudes d'anges.

A la sanguine. (Collection Van Os).

## DAVID (Louis)

27 — Etude pour son tableau : la Mort de Brutus.

A la plume, lavé d'encre de Chine.

28 — Première pensée pour son tableau : Hélène et Pâris.

A la plume et à l'encre de Chine.

## DELACROIX (Eugène)

29 — Soldat marocain debout.

Aquarelle. (Vente Delacroix.)

## DELACROIX (Eugène)

30 — Etudes de têtes de femmes du Maroc.
Aux trois crayons. (Vente Delacroix.)

31 — Tête de jeune tigre.
Aquarelle) (Vente Delacroix.)

32 — Etude de tigre assis.
Aquarelle. (Vente Delacroix.)

33 — Etude de tigre couché.
Aquarelle. (Vente Delacroix.)

## DYCK (Antoine Van)

34 — La Flagellation.
Magnifique dessin à la plume, lavé de bistre. (Collection Révil.)

## DUSART (Corneille)

35 — Marchand de balais à la porte d'une chaumière.
A la plume et au bistre. (Collection Dimsdale.)

36 — Intérieur de cabaret hollandais. Composition de douze figures.
A la plume, lavé d'aquarelle, sur vélin.

## EVERDINGEN (ALBERT VAN)

37 — Paysage. Dans le fond, une marine.

Aquarelle. Signé.

## FRAGONARD (HONORÉ)

38 — Le Retour des champs. Chariot traîné par des bœufs, entouré de personnages et de moutons.

A la plume et à l'aquarelle. Signé. La peinture fait partie de la collection Lacaze.

39 — Jeune Femme en costume Louis XVI, pinçant de la harpe; peut-être le portrait de M$^{me}$ de Genlis.

A la sépia. (Collections Villot et Arozarena.)

40 — Intérieur de salon (leçon de danse).

A la plume, lavé de bistre.

41 — Jeune Mère allaitant son enfant.

A la mine de plomb.

42 — Vue de la pièce d'eau des Suisses, à Versailles.

A la sanguine.

43 — Vue intérieure d'un parc.

A la sanguine.

## FREDOU (Louis)

**44** — Portrait en buste de M^me Laruette, actrice, dessiné en 1760.

Aux trois crayons. Signé.

## GAVARNI (Sulpice-Chevalier, dit)

**45** — Grassot, en costume de balayeur.

Aquarelle. Signé.

**46** — Femme déguisée, costume de carnaval. On lit en bas : V'LA COMME JE SUIS SAUVAGE CE SOIR !

Aquarelle. Signé.

**47** — Homme déguisé, costume de carnaval. On lit en bas : LES FEMMES, FAUT SAVOIR MENER ÇA !

Aquarelle. Signé.

## GELÉE (Claude), dit le LORRAIN

**48** — Paysage d'une vaste étendue, vue prise en Italie. Sur le premier plan, quelques personnages.

A la plume et au bistre. (Collections Esdaille, Sir T. Laurence et Welesley.)

## GÉRICAULT (J.-L.-Th.-A.)

**49** — Napolitain aveugle jouant du violon.

A la plume.

## GÉRICAULT (J.-L.-Th.-A.)

**50** — Course de chevaux.

A la plume, sur papier calque.

**51** — Etudes d'hommes dans différentes poses. Au verso, étude pour un projet de tableau : la Descente aux Enfers.

A la plume.

**52** — Etude pour une course de chevaux. — Lion dévorant un cheval. Deux dessins montés sur la même feuille.

Au crayon noir.

## GÉRICAULT (Attribué à)

**53** — Soldat mettant une couverture sur le dos de son cheval.

Au bistre.

## GIRAUD (Eugène)

**54** — Paysans bretons, en prière à la porte d'une église.

Au fusain.

## GOYEN (J. Van)

**55** — Paysage traversé par une rivière qui en couvre tout le premier plan; des paysans, sur une barque, tirent leurs filets. Dans le fond, sur une hauteur, les ruines d'un vieux château.

A la plume, lavé d'encre de Chine et de bistre.

## GREUZE (Jean-Baptiste)

56 — La jeune Mère et le petit Ramoneur.
Au bistre et à l'encre de Chine. Ce charmant dessin a été gravé.

57 — Etude d'enfant debout.
A la sanguine.

58 — Etudes de mains.
A la sanguine.

## GUASPRE (Gaspard-Dughet, dit le)

59 — Paysage.
A la plume, lavé d'encre de Chine. (Collection T. Laurence.)

## GUERCHIN (Giovanni-Francesco-Barbieri, dit le)

60 — Paysage avec figures, scène de funérailles.
la plume. (Collection Vallardi.)

## HEUSCH (Guillaume de)

61 — Paysage.
A la plume, lavé d'encre de Chine. Signé.

62 — Le même paysage, vu d'un autre côté.
A la plume, lavé d'encre de Chine.

## HUET (J.-B.)

63 — Diane et Calisto surprises par l'Amour.

À la plume, lavé de bistre. Signé et daté 1780.

## HUYSUM (JAN VAN)

64 — Dessin représentant un groupe de raisins, de pêches et de prunes.

Au crayon noir. (Collections Van den Zande et Arozarena.) Ce beau dessin est la première pensée de son tableau, gravé par Earlom

64 *bis*. — Composition de fleurs dans un vase.

Au crayon, lavé d'aquarelle.

## JOYANT (JULÈS ROMAIN)

65 — Vue prise à Venise (Isola di san Giovani).

Au crayon noir, sur papier teinté.

## KONING (PHILIPPE DE)

66 — Vue prise en Hollande.

À la plume et au bistre.

## LANTARA (SIMON-MATHURIN)

67 — Paysage; effet de coup de vent. A droite, une chaumière et des ruines; dans le fond, à gauche, une rivière.

Au crayon noir, rehaussé de blanc.

## LESUEUR (EUSTACHE)

68 — Le Lever de l'aurore. Étude pour un plafond.

Au crayon noir, rehaussé de blanc. *30*.

## LOUTHERBOURG (PHILIPPE-JACQUES)

69 — Ruines au milieu d'un grand paysage. Sur le devant, un troupeau composé de taureau, vache, moutons et âne. *100*.

Au crayon noir et au bistre, lavé d'encre de Chine.

## MARILHAT (PROSPER)

70 — Vue d'une rue en Egypte, animée de figures.

Aquarelle. *60*

## MAUZAISSE (JEAN-BAPTISTE)

71 — Portrait de l'Arioste. Étude faite pour son tableau de L'Arioste arrêté par des brigands. *0*

Au crayon et à l'estompe, rehaussé de blanc, sur papier teinté. Signé.

72 — Deux Portraits d'hommes sur la même feuille, d'après Van Dyck. *0*

Au crayon noir, rehaussé de blanc, lavé. Signé.

## MEULEN (Antoine-François Vander)

73 — Sujet de bataille. Sur le premier plan, un général vient prendre les ordres de Louis XIV.

A la plume, lavé d'encre de Chine. Signé.

## MOREAU (J.-M.), le jeune

74 — La petite Loge.

Au bistre. Signé et daté.

75 — Le Souper fin.

Au bistre. Signé et daté.

Ces deux magnifiques dessins ont été gravés dans la deuxième suite d'estampes pour servir à l'histoire des mœurs et costumes des Français au XVIII<sup>e</sup> siècle. Ce sont les deux plus jolies compositions de la suite. Ces deux compositions sont d'une parfaite conservation.

## NORBLIN

76 — Jésus-Christ prêchant. Grande composition en largeur. Dans le fond, la vue d'une ville.

A la plume, lavé de bistre.

77 — Jésus et la Femme adultère.

A la plume, lavé de bistre.

78 — L'Adoration des Mages.

A la plume, lavé de bistre.

## OSTADE (Adrien Van)

79 — Intérieur de cabaret.
Très-beau dessin à la plume, lavé d'encre de Chine.

80 — Vieux Buveur debout.
Aquarelle.

## PARMESAN (F. Mazuoli, dit le)

81 — Etudes de femmes et d'enfants. Au verso, étude de vieillard.
A la plume et au bistre. (Collections Mariette et T. Laurence.)

82 — Etude de femme représentant la Force.
A la plume. (Collection T. Laurence.)

## PRIMATICE (Francesco)

83 — Sujet mythologique: Deux figures de femmes avec un Amour.
A la plume et au bistre, sur papier teinté.
Ce magnifique dessin a dû être fait pour les peintures exécutée par ce maître au palais de Fontainebleau. (Collection Mariette, T. Laurence et Norblin.)

## PRUD'HON (P.-P.)

84 — Oh! les jolis petits chiens.
Au crayon noir, rehaussé de blanc.
Ce dessin a été gravé et lithographié plusieurs fois.

## REMBRANDT (PAUL VAN RHYN)

85 — Paysage représentant une grange entourée d'arbres. Première pensée pour son eau-forte : le Paysage à la Tour carrée.

A la plume et au bistre.

86 — Le Christ mort descendu de la croix, contemplé par les saintes femmes.

A la plume.

87 — L'Échelle de Jacob.

A la plume. (Collection Vandenzande.

88 — Pyrame et Thisbée.

A la plume.

89 — Juif à grand bonnet.

An bistre. (Collection Claussin )

90 — Homme à genoux.

A la plume. (Collection Hebert.)

91 — Vieillard debout, enveloppé dans un manteau. — Jeune Femme portant un enfant. Deux dessins.

A la plume.

## ROOS (HENRI)

92 — Bergers et bétail au repos, près d'une fontaine antique.

A la plume, à l'encre de Chine et au bleu d'indigo. Signé. (Collection Thibaudeau et Norblin.)

## ROOS (Henri)

93 — Paysage rustique, avec personnages et animaux.

A la plume, lavé de bistre. Signé et daté. (Collection Arozarena.)

## THUILLIER (Pierre)

94 — Vue prise en Suisse.

Au crayon noir, rehaussé de blanc.

95 — Vue prise en Italie (la Cava).

Au bistre.

96 — Marina di Capri, 31 mai 1840.

Au crayon noir, rehaussé de blanc. Signé.

97 — Vue de la Roche Chinard, 14 juin   838.

Au crayon noir, lavé d'encre de Chine. Signé.

98 — Paysage d'après nature.

Au fusain. Signé.

99 — Vue de la Cava, le 16 juin 1839.

Au crayon noir. Signé.

100 — Vue prise en Italie.

Au fusain. Signé.

101 — Vue de la Cava, 5 juillet 1839.

A la plume, lavé de bistre. Signé.

102 — Vue prise en Suisse.

Au crayon noir, rehaussé de blanc, sur papier teinté. Signé.

## THUILLIER (PIERRE)

103 — Vue prise en Suisse: Genève, 13 août 1833.

Au crayon noir, rehaussé de blanc, sur papier teinté. Signé.

104 — Paysage. Sur le devant, une rivière.

Au crayon et à l'estompe. Signé.

## TIEPOLO (JEAN-BAPTISTE)

105 — Une Famille de centaures.

A la plume, lavé d'encre de Chine.

106 — Le Centaure Nessus enlevant Déjanire.

A la plume, lavé d'encre de Chine. Ces deux dessins font pendants.

## VELDE (GUILLAUME VAN)

107 — Marine. On voit plusieurs bâtiments sillonnant la mer.

Magnifique dessin à la plume, lavé d'encre de Chine. (Collections Ploos Van Amstel, Van Leyden, Norblin et Arozarena.)

108 — Marine. Vaisseau se brisant sur des rochers.

A la plume et à l'encre de Chine. (Collection T. Laurence.)

## YVON (AD.)

109 — Personnage oriental, dessiné d'après nature à Constantinople, le 18 mars 1858.

Aquarelle. Signé.

# ESTAMPES

### ALBERTI (Chérubin)

110 — Henri IV, roi de France, en buste, vu presque de face. Dans un cartouche d'ornements entouré de figures (B. 124).

Très-belle épreuve.

### ALDEGRAVER (Henri)

111 — Suzanne surprise au bain, par les deux vieillards, 1555 (B. 30).

Superbe épreuve.

112 — Thisbé, 1553 (B. 102).

Superbe épreuve.

113 — La Fortune, 1555 (B. 143).

Superbe épreuve.

114 — Dessin grotesque, 1549 (B. 272).

Superbe épreuve.

115 — Dessin grotesque présentant un mascaron entouré de deux enfants et de quatre sphinx, 1550 (B. 281).

Superbe épreuve.

116 — Vignette aux deux Syrènes, pièce attribuée, sans marque.

Très-belle épreuve.

## BAUDOIN (D'après P.-A.)

**117** — La Fille mal gardée, par de Launay.
Superbe épreuve avant la lettre, avec une belle marge.

**118** — La Toilette, par Massard.
Superbe épreuve avant la lettre.

**119** — L'Épouse indiscrète, par de Launay
Superbe épreuve avec une belle marge.

## BEHAM (HANS-SÉBALD)

**120** — Adam et Ève assis, 1536 (B. 5).
Très-belle copie en contre-partie.

**121** — Adam et Ève, 1543. Le Serpent a une tête de mort (B. 6).
Superbe épreuve avant divers travaux.

**122** — Adam et Ève chassés du Paradis, 1543 (B. 7).
Magnifique épreuve.

**123** — Job s'entretenant avec ses amis, 1547 (B. 16).
Superbe épreuve.

**124** — Les Noces de Cana (B. 23).
Superbe épreuve.

**125** — Jésus-Christ et la Samaritaine (B. 24).
Très-belle épreuve.

**126** — Jésus-Christ chez Simon le pharisien (B. 25).
Superbe épreuve.

**127** — L'Enfant prodigue dissipe son bien (B. 32).
Superbe épreuve.

**128** — La bonne Fortune, 1541. — La Fortune contraire (B. 145-141).
Superbes épreuves.

**129** — La Fortune contraire (B. 141).
Magnifique épreuve du 1er état.

## BEHAM (Hans-Sébald)

130 — La Mort et les trois Sorcières (B. 151).
Superbe épreuve.

131 — La Femme couchée, vue par le dos (B. 215).
Très-belle épreuve du 2e état, avant le monogramme.

132 — Le petit Bouffon, 1532 (B. 230).
Superbe épreuve.

133 — Le Bouffon et les Baigneuses, 1541 (B. 214).
Superbe épreuve.

## BERGHEM (Nicolas)

134 — Les trois Vaches au repos (B. 2).
Superbe épreuve du 2e état, avant le nom du maître.

## BINK (Jacques)

135 — Les Soldats jouant (B. 74).
Superbe épreuve.

## BOL (Ferdinand)

136 — La Femme à la poire (B. 14).
Superbe épreuve. Rare.

137 — Portrait de femme dans un ovale (B. 15). Cl. 17.
Superbe épreuve.

## BONASONE (Jules)

138 — Portrait de Michel-Ange (B. 345).
Très-belle épreuve coupée en rond.

## BOTH (Jean)

139 — La Femme montée sur le mulet (B. 1).

Superbe épreuve tirée avant les numéros et avant que l'adre
Matham ait été effacée et remplacée par celle de Mariette, qui a
été supprimée dans les épreuves du dernier état. Collection Galichon

140 — Le Chariot attelé de bœufs (B. 2).

Superbe épreuve du même état que la précédente.

## BOUCHER (François)

141 — La Balançoire, d'après Watteau.

Superbe épreuve du 1er état.

## BREUGHEL (D'après Peter Van)

142 — Les sept Péchés capitaux, suite de sept estampes.
Plus deux pièces : sujets allégoriques. Neuf pièces.

Superbes épreuves.

## BRUYN (N. de)

143 — Vignettes dans lesquelles sont représentées des
fables d'Esope et des combats d'animaux. Suite de
douze estampes.

Très-belles épreuves.

## BRY (Th. de)

144 — Diane s'apercevant de la grossesse de Calisto. —
Actéon changé en cerf. Deux pièces de forme ronde.

Très-belles épreuves.

145 — Marche de soldats et de paysans, d'après H.-S.
Beham.

Très-belle épreuve.

## BRY (TH. DE)

146 — Marche de soldats ; au milieu le porte-enseigne.
Très-belle épreuve.

147 — Marche d'hommes, femmes et cavaliers suivis de
la Mort.
Très-belle épreuve.

## CALLOT (JACQUES)

148 — Le Sauveur, la Sainte-Vierge, les douze Apôtres et
saint Paul, l'apôtre des nations, en pied. Suite de seize
estampes, y compris le titre (M. 104-119).
Superbes épreuves.

149 — Le Martyre des Apôtres (M. 120-135).
Très-belles épreuves du 2e état.

150 — Le Martyre de saint Sébastien (M. 137).
Très-belle épreuve du 1er état.

151 — La Carrière ou la rue Neuve de Nancy (M. 621).
Magnifique épreuve du 1er état, avant l'adresse de Silvestre. Rare.

152 — Parterre ou Jardin de Nancy (M. 622).
Superbe épreuve du 1er état. Elle a une petite marge.

153 — Le Jeu de boules, ou la Foire de Gondreville
— (M. 623).
Superbe et très-rare épreuve du 1er état, avant le nom de
Callot.

154 — Petite vue de Paris ou le marché d'esclaves
(M. 712).
Superbe épreuve du 2e état.

155 — Vue du Louvre (M. 713). — Vue du Pont-Neuf, de
la Tour et de l'ancienne Porte de Nesle (M. 714).
Superbes et très-rares épreuves avant l'adresse de Silvestre sur
le premier morceau. Une est signée de P. Mariette, 1667.

## CAMPAGNOLA (Dominique)

156 — La Vierge entourée de Saints (B. 5).
Superbe épreuve. Très-rare.

## CANTARINI (Simon), dit le Pesarese

157 — L'Ange gardien (B. 28).
Très-belle épreuve.

## CHARDIN (D'après Simon)

158 — La Dame qui cachète sa lettre, par Fessard.
Très-belle épreuve. Très-rare.

159 — Le Négligé ou toilette du matin, par le Bas.
Très-belle épreuve.

160 — La Maîtresse d'École, par Lépicié.
Très-belle épreuve.

161 — La Gouvernante, par Lépicié.
Très-belle épreuve.

162 — Le Bénédicité, par Lepicié.
Très-belle épreuve.

163 — L'Économe, par le Bas.
Superbe épreuve avant toutes lettres, très-rare.

164 — Étude du Dessin, par le Bas.
Superbe épreuve, avec toute sa marge.

165 — La Serinette, par L. Cars.
Superbe épreuve avec une belle marge.

## COCHIN (C.-N.

166 — Le Tailleur pour femme.
Très-belle épreuve.

## DESNOYERS (Auguste Boucher, baron)

167 — La Vierge au linge, d'après Raphaël.
Magnifique épreuve avant la lettre (lettres tracées. Elle a toute sa marge et est signée du graveur.

168 — La Vierge au donataire, dite de Foligno, d'après Raphaël.
Magnifique épreuve avant la lettre (lettres tracées). Elle est signée du graveur.

## DUJARDIN (Carle)

169 — Le Troupeau de moutons et de chèvres (B. 33).
Superbe épreuve avant le numéro.

170 — Les Vaches, le Taureau et le Veau (B. 34).
Superbe épreuve avant le numéro.

## DURER (Albert)

171 — Adam et Eve (B. 1).
Magnifique épreuve, tirée sur papier à la tête de bœuf. Collection Arozarena.)

172 — La Passion de Jésus-Christ (B. 3-18). Suite de seize estampes.
Superbes épreuves d'une même égalité de tirage.

173 — La Vierge couronnée par deux anges (B. 39).
Très-belle épreuve.

174 — Saint Eustache ou saint Hubert (B. 57).
Très-belle épreuve. (Collection de Ferol).

175 — Saint Antoine (B. 58).
Superbe épreuve. (Collection Arozarena.)

176 — L'Enlèvement d'Amymone (B. 71).
Superbe épreuve. Elle est signée de P. Mariette, 1667.

## DURER (Albert)

177 — La Justice (B. 79).
Superbe épreuve.

178 — L'Assemblée des gens de guerre (B. 88).
Très-belle épreuve.

179 — Le Branle (B. 90).
Très-belle épreuve.

180 — Les Offres d'amour (B. 93).
Superbe épreuve.

181 — Les Armoiries au coq (B. 100).
Superbe épreuve.

## DUVAL (Marc)

182 — Portrait de Jeanne d'Albret, mère de Henri IV.
Superbe épreuve, une partie de la bordure est rognée. Rare.

## DYCK (Antoine Van)

183 — Oort (Adam Van).
Superbe épreuve du 2e état, avant le trait carré et l'inscription mais avec le fond gravé au burin. Extrêmement rare. Le premier état est presque unique.

184 — Wael (Jean de) (24).
Superbe épreuve du 1er état, avant la marge et la main ajouté et avant l'inscription. Extrêmement rare.

## ÉDELINCK (Gérard)

185 — Philippe de Champaigne, d'après lui-même (R. D. 644).
Superbe épreuve du 1er état, ayant le trait échappé.

## EISEN (D'après

186 — Vignettes et culs-de-lampes. Onze pièces.
Très-belles épreuves.

## FRAGONARD (Honoré)

187 — L'Armoire.
Superbe épreuve avant la lettre.

## FRAGONARD (D'après)

188 — Onze pièces pour illustrer les Contes de La Fontaine, édition de Didot.
Superbes épreuves avant toutes lettres.

## FREUDENBERG (D'après)

189 — Le Petit Jour, par Delaunay.
Superbe épreuve.

## FORSSELL et LIGNON

190 — Portrait de Louis XVIII, d'après Augustin.
Très-belle épreuve avant la lettre, sur papier de Chine.

## GALLE (C.)

191 — L'Oraison dominicale. Suite de six estampes et un titre. Sept pièces.
Très-belles épreuves.

## GELÉE (CLAUDE), dit le Lorrain

**192 — Le Port de mer à la grosse tour (R. D. 13).**

Superbe épreuve du 2e état. Les angles sont aigus et avant le n° 44, dans la marge à droite. (Collections Esdaile et Arozarena.)

**193 — Le Soleil couchant (R. D. 15).**

Superbe et rare épreuve du 3e état avec le n° 11, mais avant le millésime 1634, dans la marge à gauche.

**194 — Berger et Bergère conversant (R. D. 21).**

Superbe épreuve du 2e état.

**194 bis — Le Campo Vaccino (R. D. 23).**

Superbe épreuve avant la lettre du 4e état. (Collections Revil et de Lassalle.)

## GHISI (GEORGES), dit le Mantouan

**195 — Les Plafonds en hauteur, peints par le Primatice dans des formes cintrées par le haut et par le bas et carrées aux deux côtés. Suite de quatre estampes (B. 36-39).**

Superbes épreuves.

## GHEYN (J. DE)

**196 — Portrait de Hugo Grotius. Petit portrait de forme ovale (Pass. t. III, n° 3).**

Superbe épreuve.

**197 — Portrait de Ludolph Van Ceulen, mathématicien célèbre (Pass. 8).**

Superbe épreuve.

## GOLTZIUS (HENRI)

198 — Portrait de Noël de La Faille, célèbre commandant au siége d'Anvers, 1588 (B. 212).
Superbe épreuve du 1ᵉʳ état avant la lettre. Rare.

199 — Portrait de Cornelia Capellen, épouse de J.-N. de La Faille (B. 213).
Superbe épreuve.

## LANCRET (D'après)

200 — Conversation galante, par Le Bas.
Superbe épreuve, avec de la marge.

## LAVREINCE (D'après)

201 — La Comparaison, gravé en couleur par Janinet.
Superbe épreuve.

202 — Le Billet doux, par Delaunay.
Superbe épreuve avant la lettre.

## LEU (THOMAS DE)

203 — Portrait de Henri IV, dans un ovale, au milieu de figures et d'attributs allégoriques, d'après Fournier.
Superbe épreuve.

## LEYDE (LUCAS DE)

204 — Un Écusson rempli par un mascaron, 1527 (B. 167).
Superbe épreuve.

## LIGNON (F.)

205 — Portrait de la duchesse d'Angoulême, d'après Augustin.

Superbe épreuve avant la lettre, lettres tracées, sur papier de Chine.

## MEISSONNIER (M.)

206 — Marche de lansquenets.

Eau-forte rare. Papier de Chine.

## MERCURY (PAOLO)

207 — Portrait de M<sup>me</sup> de Maintenon, d'après l'émail de Petitot.

Superbe épreuve avant toutes lettres et avant la bordure. Elle est signée du graveur. Rare.

## MOLA (PIERRE-FRANÇOIS)

208 — La Sainte Vierge (B. 3).

Très-belle épreuve.

## MOREAU (J.-M.), le jeune

209 — Vue de la place Louis XV. Petite pièce gravée à l'eau forte. Très-rare.

Superbe épreuve.

210 — Le Sacre de Louis XVI à Rheims.

Très-belle épreuve d'eau-forte pure, avec des croquis dans la marge du bas. Rare.

## MOREAU (D'après J.-M.)

Suite d'estampes pour servir à l'histoire des mœurs et du costume
des Français dans le xviii<sup>e</sup> siècle.

211 — Déclaration de la grossesse, par Martini.

212 — Les Précautions, par Martini.

213 — J'en accepte l'heureux présage, par Trière.

214 — N'ayez pas peur, ma bonne amie, par Helman.

215 — C'est un Fils, Monsieur, par Baquoy.

216 — Les petits Parrains, par Baquoy et Patas.

217 — Les Délices de la Maternité, par Helman.

218 — L'Accord parfait, par Helman.

219 — Le Rendez-vous pour Marly, par Guttemberg.

220 — Les Adieux, par Delaunay.

221 — La Rencontre au bois de Boulogne, par Guttemberg.

222 — La Dame du palais de la reine, par Martini.
Ces douze estampes sont toutes superbes d'épreuves avant la
lettre. Elles ont de belles marges. Très-rares. Cette suite sera vendue
ensemble.

223 — La Sortie de l'Opéra, par Malbeste.
Superbe épreuve avec le privilége, avec une belle marge.

224 — Le Souper fin, par Helman.
Épreuve non terminée, à l'état d'eau-forte.

225 — La Partie de wisth, par Dambrun.
Épreuve non terminée, à l'état d'eau-forte.

226 — Le Couronnement de Voltaire, par Gaucher.
Superbe épreuve avant la lettre. Rare.

227 — Grande Affiche pour le répertoire, représenté à
Fontainebleau en l'année 1773, par Lempereur.
Superbe épreuve. Très-rare.

## MORGHEN (Raphael)

228 — Portrait équestre du général François de Mont-
cade, d'après Antoine Van Dyck.
Magnifique épreuve avant la lettre (lettres tracées). Elle a toute
sa marge. (Collection Thorel.)

## MORIN (Jean)

229 — Portrait du cardinal de Richelieu, d'après Philippe
de Champaigne (R. D. 72).
Très-belle épreuve avec une belle marge.

230 — Portrait de Antoine Vitré, d'après Champaigne
(R. D. 88).
Magnifique épreuve avec les contretailles sur les cheveux.

## MASQUELIER

231 — La Mise au tombeau, d'après Raphaël.
Très-belle épreuve avant toutes lettres, sur papier de Chine.

## NAIWYNCK (Henri)

232 — Paysage où l'on voit un rocher escarpé sur la
gauche (B. 16).
Superbe épreuve. (Collection Arozarena.)

233 — Paysage où l'on voit sur le devant deux grands
arbres (B. 12).
Superbe épreuve.

## NANTEUIL (Robert)

234 — Louise-Marie de Gonzague, reine de Pologne
(R. D. 164).
Superbe épreuve du 2e état. (Collection Camberlyn.)

## NANTEUIL (Robert)

235 — Fouquet (Basile), chancelier des ordres du roi (R. D. 97).
Superbe épreuve.

## OSTADE (Adrien van)

236 — La Fileuse (B. 31).
Superbe épreuve, tirée avant que le trait carré ait été renforcé, et avant beaucoup de travaux à la pointe sèche et au burin, exécutés en différentes fois; il n'y a pas de tailles diagonales sous le ventre du cochon couché.

237 — La Fête sous la treille (B. 47).
Superbe épreuve du 1er état, à l'eau-forte pure.

## PONTIUS ou DUPONT (Paul)

238 — Portrait de Rubens, d'après Van Dyck.
Superbe et très-rare épreuve du 1er état, avant le nom du graveur.

## POTTER (Paul)

239 — Le Vacher (B. 14).
Superbe épreuve avant l'adresse de F. de Wit, tiré sur papier à la folie.

## RAIMONDI (Marc-Antoine)

240 — La Cène, d'après un dessin de Raphaël (B. 26).
Magnifique épreuve. Elle est doublée.

241 — La Danse des Amours, d'après un dessin de Raphaël (B. 217).
Très-belle épreuve d'une pièce rare. Elle est doublée.

242 — Vénus blessée par l'épine d'un rosier, d'après Raphaël, gravé par Marc de Ravenne (B. 321).
Magnifique épreuve d'un premier état inconnu à Bartsch, avant le monogramme placé sur un arbre à gauche. Très-rare.

## REMBRANDT (Paul van Rhin)

243 — Portrait de Rembrandt, au bonnet orné d'une plume (B. 20). Cl. 20, C. B. 233.
Très-belle épreuve.

244 — Portrait de Rembrandt, en ovale (B. 23). Cl. 23, C. B. 232.
Superbe épreuve du 3e état.

245 — Joseph racontant ses songes à sa famille (B. 37). Cl. 41, C. B. 9.
Superbe épreuve avant divers travaux.

246 — L'Annonciation aux Bergers (B. 44). Cl. 48, C. B. 17.
Épreuve de la plus grande beauté. Très-rare dans une aussi belle condition.

247 — Ecce Homo (B. 77). Cl. 82, C. B. 52.
Magnifique épreuve avant les contretailles sur le visage du juif qui est au-dessus de celui qui porte le roseau. Extrèmement rare. (Collection Arozarena.)

248 — La grande Descente de Croix (B. 81). Cl. 83, C. B. 56.
Superbe épreuve avec l'adresse de Hendrikus Ulenburgensis.

249 — La Mort de la Vierge (B. 99). Cl. 102, C. B. 70.
Belle épreuve.

250 — Chasse aux lions (B. 115). Cl. 117, C. B. 87.
Très-belle épreuve.

251 — Le Vendeur de mort-aux-rats (B. 121). Cl. 123, C. B.
Superbe épreuve.

252 — Mendiants à la porte d'une maison (B. 176). Cl. 173, C. B. 146.
Très-belle épreuve.

253 — Vue ancienne d'Amsterdam (B. 210). Cl. 207, C. B. 313.
Superbe épreuve avec une petite marge.

## REMBRANDT (Paul Van Rhyn)

254 — La Chaumière entourée de planches (B. 232). Cl. 229, C. B. 332.
Superbe épreuve. (Collection Bohm.)

255 — L'Abreuvoir de la vache (B. 237). Cl. 234. C. B. 337.
Très-belle épreuve.

256 — Homme à barbe courte et bonnet fourré (B. 263). Cl. 260, C. B. 267.
Superbe épreuve, tirée avant que la planche ait été réduite de deux lignes sur la largeur.

257 — Vieillard à barbe carrée (B. 265). Cl. 262, C. B. 271.
Superbe épreuve.

258 — Jeune Homme assis et réfléchissant (B. 268). Cl. 265, C. B. 258.
Magnifique épreuve.

259 — Portrait de Jean Lutma (B. 276). Cl. 273, C. B. 182.
Magnifique épreuve; elle a une petite marge.

## RENI (Guido)

260 — Sainte Famille (B. 9).
Superbe épreuve.

## RIBERA (Joseph), dit l'Espagnolet

261 — Saint Pierre (B. 7).
Superbe épreuve du 1er état, avant les lettres F.-V. Wyn, et avant les angles de cuivre arrondis.

## RICHOMME (Joseph-Théodore)

262 — Adam et Eve, d'après Raphaël.
Magnifique épreuve avant la lettre (lettres tracées).

## ROGER

263 — Adresse de la veuve Merlin, d'après Prud'hon.
Superbe épreuve.

## RUBENS (Pierre-Paul)

264 — Sainte Catherine.
Magnifique épreuve de cette belle eau-forte du maître. Elle a une petite marge. (Collection Galichon.)

## SAINT-AUBIN (Aug. de)

265 — Le Bal paré. — Le Concert. Deux pièces faisant pendants, gravées par Duclos.
Superbes épreuves du 1er état, avant l'adresse de Chereau. Elles ont de la marge. Rares.

266 — Tableau des portraits à la mode. — La Promenade des remparts de Paris. Deux pièces faisant pendants, gravées par P.-F. Courtois.
Très-belles épreuves.

267 — La Promenade des remparts de Paris.
Superbe épreuve avec toute sa marge.

## SCHMIDT (Georges-Frédéric)

268 — Un Vieillard habillé en persan, d'après Rembrandt (120).
Très-belle épreuve.

269 — Portrait d'une jeune femme, vue à mi-corps (123). — Portrait d'un jeune seigneur (124). Deux pièces.
Très-belles épreuves.

270 — Buste d'un Vieillard, d'après Flinck (131).
Très-belle épreuve avec une grande marge.

## SÉBASTIEN D UL

271 — Le Repos en Egypte (B. 1).
Très-belle épreuve.

## STRANGE (Robert)

273 — Saint Jérôme, d'après le Corrége.
Superbe épreuve.

274 — Vénus et Danaé. Deux pièces faisant pendants, d'après Titien.
Superbes épreuves avec de grandes marges.

275 — Charles I<sup>er</sup>, roi de la Grande-Bretagne, en pied, près de son cheval, d'après Antoine Van Dyck.
Superbe épreuve avant la lettre (lettres tracées). Elle a toute sa sa marge.

## TRENTE (Antoine de)

276 — Saint Jean-Baptiste dans le désert, d'après le Parmesan (B. t. XII, S. IV, 17).
Superbe épreuve.

## VICO (Eneas)

277 — Portrait du pape Jules III, en buste, vu presque de face et tourné vers la droite. Dans un cartouche (B. 236).
Superbe épreuve, avec une belle marge.

## VORSTERMAN (Lucas)

278 — La Descente de Croix, d'après Rubens (B. 99 du N. T.).
Superbe épreuve du 1er état, avant l'adresse de Corn. Van Merlen.

279 — Trois Anges pleurant à la vue du corps mort de Jésus-Christ, descendu de la croix et étendu sur les genoux de la Vierge, d'après Van Dyck.
Très-belle épreuve.

## WATTEAU (Antoine)

280 — Figures de Modes (R. D. 1, 7). Suite de sept estampes et un titre gravé par Thomassin.
Superbes épreuves.

## WATTEAU (D'après Antoine)

281 — L'Amour paisible, par Jac. de Favanne.
Superbe épreuve. Elle a toute sa marge.

282 — La Gamme d'Amour, par Le Bas.
Superbe épreuve.

283 — Fêtes vénitiennes, par Laurent Cars.
Superbe épreuve avant l'adresse de la veuve Chereau. Elle a de la marge.

284 — La même estampe.
Très-belle épreuve.

285 — Récréation italienne, par Aveline.
Superbe épreuve, avec une belle marge.

286 — L'Embarquement pour Cythère, par Tardieu.
Superbe épreuve.

## WATTEAU (D'après ANTOINE)

287 — La Danse paysanne, par B. Audran.
Superbe épreuve avec de grandes marges.

288 — Le Bosquet de Bacchus, par C.-N. Cochin.
Superbe épreuve, avec de grandes marges.

289 — Les Plaisirs, pastorale, par N. Tardieu.
Superbe épreuve avec une grande marge.

## WATERLOO (ANTOINE)

290 — Le petit Pont oblique (B. 78).
Superbe épreuve.

291 — Le jeune Tobie et l'Ange (R. 136).
Superbe épreuve. (Collection Camberlyn.)

## WIERIX (ANTOINE)

292 — Portrait de Henri IV, roi de France, en buste.
Superbe épreuve avec une petite marge.

## WIERIX (J.)

293 — La Puissance de la Mort. Petite pièce avec costumes du temps.
Très-belle épreuve.

## WIERIX (JÉROME)

294 — Portrait de Charlemagne, en pied, en cuirasse et
manteau.
Très-belle épreuve.

## WIERIX (JEAN)

293 — Portrait de Philippe Guillaume, prince d'Orange, comte de Nassau.

Superbe épreuve. (Collection Gervais).

RENOU et MAULDE, imprimeurs de la Compagnie des Commissaires-Priseurs, rue de Rivoli, 144.    31274